DES

PRINCIPALES OPÉRATIONS

DE LA CAMPAGNE DE 1813.

PAR LE GÉNÉRAL PELET.

Inter ancipitia clarescunt.

EXTRAIT DE LA PREMIÈRE LIVRAISON DU SPECTATEUR MILITAIRE.

SOUSCRIPTION.

————

Le Spectateur Militaire paraît chaque mois, par livraison de cinq à huit feuilles.

On souscrit au bureau du Spectateur Militaire, *rue Neuve-Saint-Roch, n° 24.*

Le prix de souscription est de 3o fr. pour l'année,

18 fr. pour six mois,

1o fr. pour trois mois.

Pour l'étranger, on ajoutera au prix indiqué la somme de 5o cent. par livraison.

On souscrit aussi chez MM. les Directeurs des postes, et chez les principaux libraires de la France et de l'étranger.

————

Le Spectateur Militaire accueillera avec reconnaissance les observations, mémoires et réclamations que les militaires français ou étrangers voudront bien lui adresser, pourvu toutefois qu'ils n'aient pour objet que les opérations ou l'art de la guerre.

Les lettres et paquets doivent être adressés, franc de port, à M. le Directeur du Spectateur Militaire, rue Neuve-Saint-Roch, n°. 24.

IMPRIMERIE MOREAU,
RUE MONTMARTRE, N°. 39.

DES PRINCIPALES OPÉRATIONS

DE LA CAMPAGNE DE 1813.

§ SYSTÈME D'OPÉRATIONS DE NAPOLÉON APRÈS LUTZEN.

Tous les jours, la mort enlève quelques acteurs des scènes imposantes qui se passèrent sous nos yeux. Tous les jours, nous voyons paraître des Mémoires où la justice et la vérité sont outragées. On ose même publier des romans revêtus quelquefois de noms honorables, et de tous les signes de l'authenticité. Il suffit du moindre examen, pour reconnaître leur fausseté. Cependant, nos journaux les louent; les éditions se multiplient; et l'Europe est en droit de se moquer de la crédulité française [1]. L'histoire est menacée d'autres dangers. Quelques écrivains ont tracé des tableaux, où tout est sacrifié aux effets dramatiques, à l'éclat du style, où l'imagination dispose, suivant ses caprices, les actions, les caractères, les événements. Ces ouvrages portent aussi leur préservatif avec eux; ils n'auront qu'un temps; et, avant que leurs auteurs aient cessé de vivre, ils verront l'opinion faire justice de ces brillantes peintures. Des hommes de bonne foi, qui se sont trouvés en position de connaître les événements, entrent dans la lice avec leurs souvenirs et un petit nombre de notes. Ils ont recueilli d'autres souvenirs plus ou moins fidèles, des anecdotes où la vérité est altérée, des rapports que dénaturent les prétentions personnelles. Pour remplir des lacunes inévitables, ils copient d'autres ouvrages qui manquent d'exactitude. Dans ces compositions, on ne

[1] Les Mémoires du colonel Serruzier, du sergent Guillemard, etc.

peut pas toujours distinguer ce qui vient de l'une ou de l'autre source. Plus la réputation dont jouissent les auteurs est pure, plus leurs fonctions les ont mis à même d'apprendre la vérité, plus les erreurs qui leur échappent deviennent dangereuses. Ainsi, les tableaux dramatiques, les anecdotes, les souvenirs vagues, les assertions hasardées, semblent vouloir s'emparer du domaine de l'histoire.

La science militaire est menacée par ces erreurs dans ses bases principales. La meilleure école des hautes parties de la guerre est le récit des belles campagnes; c'est en étudiant les actions des grands capitaines, en suivant leurs plans et leurs dispositions, en comparant leurs opérations, qu'on peut espérer de les atteindre. Cette science est établie sur des exemples plutôt que sur des principes. De faits inexacts, de rapports infidèles, on ne déduit que de fausses conséquences. Non-seulement les beaux modèles disparaissent, les saines doctrines sont altérées, mais les systèmes erronés se propagent. Il faut discuter et éclaircir l'histoire de nos campagnes. Et quelle époque fut aussi féconde en grandes leçons ?

Les seuls matériaux que la critique historique peut admettre pour les Mémoires militaires sont les pièces authentiques, les notes prises pendant les événements, enfin les récits des actions particulières garantis par l'honneur et la probité. Parmi les pièces, nous comprenons moins les relations des divers partis, que les ordres donnés pour les opérations, et la correspondance qui les concerne. Maintenant, il se présente un moyen d'épurer en quelque sorte notre histoire; c'est d'examiner en présence des contemporains, les controverses qui s'élèvent sur les principaux événements. Dans l'intérêt de la vérité et de la science, nous remplirons cette tâche toutes les fois qu'une discussion naîtra, que nous éprouverons nous-mêmes des doutes, et surtout lorsque nous posséderons des renseignements et des pièces de quelque importance. Alors nous donnerons un extrait sommaire des mémoires que nous avons écrits sur les différentes époques de nos guerres. Nous ne citerons dans ces extraits que les correspondances dont les originaux et même diverses minutes doivent exister; ce qui assurera un caractère d'authenticité à nos assertions. Au reste nous soumettons d'autant plus volontiers celles-ci à la discussion, que nous y gagnerons de corriger les erreurs qui se seraient glissées dans les mémoires que nous nous proposons de publier. Après ces épreuves, on pourra considérer comme vrai, tout ce qui sera déclaré tel par l'approbation ou par le silence des contemporains.

Cette tâche est pénible autant qu'aride. Nous aurons sans cesse à relever des inexactitudes, à rectifier les faits. Nous choisirons les principaux, ceux qui servant pour ainsi dire de jalons aux historiens, multiplieraient les erreurs; ceux d'après lesquels on voudrait déduire de fausses théories. Mais en attaquant les assertions et les systèmes, nous éviterons avec soin tout ce qui pourrait offenser les personnes. Le plus souvent, nous n'aurons à présenter que des dates, des ordres et des récits sommaires. L'importance et l'utilité de ce travail nous soutiendront; et nous comptons sur l'une et l'autre pour obtenir l'indulgence des lecteurs.

Dans les derniers temps, l'attention générale s'est portée sur les guerres de 1812 et de 1813, dont plusieurs ouvrages ont fait connaître les événements. *Le Spectateur Militaire* n'existait pas lorsque M. le général Gourgaud publiait la troisième édition de sa Réfutation de la campagne de Russie. Nous avons cru remplir un devoir, en lui communiquant, sur cette guerre et particulièrement sur la bataille de la Moskowa, des matériaux que M. de Ségur n'avait pas accueillis. Nous allons présenter quelques idées sur les trois points principaux de celle de 1813, que les historiens et les stratégistes ont mal saisis, et sur lesquels de

nombreuses discussions se sont déjà élevées en France ou
dans l'étranger. On ne connaît pas le système d'opérations
que Napoléon suivit depuis la victoire de Lutzen jusqu'à
celle de Bautzen; le plan qu'il avait préparé au renouvellement des hostilités; enfin celui par lequel il comptait terminer la campagne, et qui fut interrompu par la
bataille de Leipsig. Nous allons donner un extrait de ses
ordres au major-général et aux commandants des corps
d'armée. Nous citerons particulièrement ceux qui furent
transmis au prince de la Moskowa pour sa marche sur
Bautzen, aux maréchaux et à Vandamme pour les opérations en Prusse, en Silésie, autour de Dresde et pour
l'entrée en Bohême, enfin ceux qui concernent la bataille
et la catastrophe de Leipsig. Nous encadrerons ces ordres
dans les faits constatés et généralement reconnus. Nous
les expliquerons d'après le terrain, base immuable de
toute action militaire. Nous exposerons les dires de chacun. L'opinion publique, juge définitif de toutes ces ques-
tions, pourra être fixée.

Il a paru sur cette guerre deux ouvrages extrêmement
remarquables par les vues qu'ils renferment, les faits
qu'ils présentent, les pièces qui les accompagnent, et
surtout par le talent qui distingue leurs auteurs. M. Fain,
toujours exact lorsqu'il nous révèle la pensée et le travail
du cabinet, souvent dans l'erreur lorsqu'il raconte les
événements militaires, dit que le lendemain de la bataille
de Lutzen, Napoléon réservait au maréchal Ney, le plus
beau fleuron de la victoire, la marche sur Berlin. M. de
Norvins n'indique pas assez le but de l'opération du maréchal; elle reste incertaine, au milieu des nombreux
documents relatifs aux mouvements militaires et aux négociations diplomatiques [1]. De grands articles biogra-

---

[1] Nous retrouvons, dans le *Portefeuille* de 1813, les ordres envoyés
au maréchal Ney, les 13, 16, 17 et 18 mai, que nous ne croyions pas
avoir été publiés jusqu'ici. Nous nous proposons de rendre un compte

phiques et des correspondances publiées attribuent aux
conseils du général Jomini la marche du prince de la
Moskowa, de Torgau ou d'Herzberg sur Bautzen, non-
seulement sans ordres de Napoléon, mais lorsque le
maréchal avait reçu l'ordre positif de se rendre sur Berlin avec 14 divisions.

Ces assertions diverses pourraient devenir dangereuses
sous les rapports stratégiques, et servir à l'établissement
de faux principes sur les lignes d'opérations intérieures
ou divergentes. Nous leur opposerons un extrait bien
sommaire de la correspondance de Napoléon. Nous ne
pouvons guillemeter ou écrire en italique les passages
textuellement copiés ; mais il est facile de reconnaître
ce que nous donnons comme positif, et ce que nous pré-
sentons comme probable. On pourra remonter facilement
aux sources de la vérité. Beaucoup de généraux cités
vivent encore ; leur témoignage peut être invoqué. Les
papiers de ceux qui sont morts se trouvent dans leurs
familles, ou dans les archives du gouvernement. Ces
derniers témoins, muets, mais impartiaux, ne ménagent
aucune vanité, aucun intérêt, et doivent faire auto-
rité.

Napoléon ayant passé la Saale et fait sa jonction avec
Eugène, se portait sur Leipsig. Les armées des souverains
et de Wittgenstein, s'avançant l'une par Dresde, l'autre
par Berlin, s'étaient réunies entre Zwenkau et Pégau.
Elles avaient attaqué Napoléon dans sa marche (2 mai), et
avaient été battues à Lutzen par les conscrits français. Ces
enfants enrégimentés à la hâte et avec de mauvais cadres,
mais animés par l'honneur et par la gloire, avaient
vaincu une infanterie excellente et la meilleure de toutes
les cavaleries. Exemple mémorable de ce qu'on peut

détaillé de cet ouvrage si précieux par lui-même et par les pièces aussi
nombreuses qu'intéressantes qu'il renferme.

Le *Portefeuille* de 1813, par M. de Norvins, se trouve chez Mongie,
libraire, boulevard des Italiens, n° 10.

attendre des jeunes Français, lorsqu'ils sont bien commandés ! L'armée franchit l'Elster le lendemain. Napoléon était à Pégau, et manquait de renseignements sur la marche de l'ennemi. Celui-ci couvrait sa retraite par une nombreuse cavalerie, à laquelle on ne pouvait rien opposer. Le 4, à quatre heures du matin, l'Empereur donna l'ordre à Eugène d'occuper Borna que Lauriston tournait par Rotha. Le duc de Raguse fut aussi dirigé sur le premier point. Le duc de Reggio devait se porter sur Zeitz. Le trésor de l'armée restait à Erfurth, jusqu'à ce qu'on eût pris une position définitive. Le corps du prince de la Moskowa avait eu le principal honneur de la bataille [1] ; il en garda le terrain, et dut entrer avec pompe dans Leipsig, centre du commerce et des relations de toute l'Allemagne. Pendant la soirée, de nouveaux ordres furent donnés. Le prince reçut un renfort de 34 bataillons et des 4000 cavaliers du général Sébastiani. Celui-ci qui se trouvait sur le bas Elbe, le duc de Bellune qui était en observation sur la basse Saale, et Reynier qui arrivait de Hall avec la division Durutte, furent mis sous les ordres de Ney. Ce maréchal dut réunir ses divers corps d'armée, et se tenir prêt à manœuvrer sur Torgau.

En partant de Pégau, Napoléon confie le soin de presser la retraite de l'ennemi à Eugène, auquel il veut depuis long-temps créer une grande renommée militaire. Il fait marcher l'armée sur trois colonnes. Lauriston s'avance à la gauche par Wurzen et la route de Meissen; les forces principales se dirigent par Colditz et la grande route de

---

[1] Son chef d'état-major, le général Gouré, y ayant été grièvement blessé, le major général fit un rapport (4 à Pégau), pour proposer à l'Empereur de remplacer le général Gouré, qui venait de mourir des suites de ses blessures, par le général Jomini; et de nommer le général Lejeune, chef d'état-major du maréchal Oudinot. Rien n'indique dans ce rapport que ces propositions n'aient pas été spontanées de la part du prince de Neuchâtel.

Dresde; Bertrand et Oudinot à la droite par Rochlitz, Mitweyda, Freyberg. Le prince de la Moskowa a une direction particulière, quoique entièrement subordonnée à la marche principale. De Borna, le 5, à deux heures du matin, Napoléon presse la marche du vice-roi sur Waldheim. Eugène passe la Mulde à Colditz; Bertrand, à Rochlitz; Marmont, entre ces deux points. A neuf heures, de nouveaux ordres sont expédiés au maréchal Ney, pour marcher sur Torgau, afin de rétablir la communication. L'Empereur craint sans doute que Thielmann n'ouvre ses portes aux alliés.

Jusqu'ici il n'est nullement question de Berlin. Torgau n'est pas sur la route de Leipsig à cette capitale. Mais les souverains, et les armées de Prusse ainsi que de Russie, abandonnant Pégau, avaient à choisir deux grandes directions de retraite. L'une sur les États prussiens et le bas Oder, intéressait fortement Frédéric Guillaume, qui devait craindre les vengeances d'un vainqueur justement courroucé. L'autre direction sur Dresde, Breslau et Varsovie, était la grande ligne de communication des renforts et des dépôts russes. Les avantages stratégiques de ces deux lignes pouvaient être balancés, quoique la première méritât d'être préférée. La politique entraîna les coalisés le long des frontières de l'Autriche, prête à se déclarer pour eux. C'était encore le secret de la diplomatie étrangère. Napoléon craignait cette défection; mais il ne devait pas prendre des données incertaines pour base principale de ses calculs. La route directe de Berlin était interceptée par l'occupation de Leipsig. Néanmoins l'ennemi pouvait aller passer l'Elbe, à Dresde, à Meissen, entre cette dernière ville et Torgau, enfin plus bas encore. De Dresde, il pouvait se diriger sur divers points du moyen Oder, depuis Francfort jusqu'à Breslau. Les armées alliées remplissaient le but commun, de protéger la Prusse et de couvrir le Grand-Duché, en se portant sur l'Oder, vers Crossen. D'un autre côté, il était avan-

tageux pour les Français de continuer la séparation des
lignes sur Berlin et sur Breslau, de rejeter l'ennemi contre
les montagnes de Bohême, pendant que l'Autriche, qui
n'était pas encore compromise, serait retenue par notre
victoire. Il était important aussi de communiquer au plutôt avec la garnison saxonne de Torgau, et, (si les événements le permettaient) avec celles de Custrin, de
Stettin.... Telles furent probablement les bases des calculs
de Napoléon, et de la direction donnée au prince de la Moskowa. Il n'existait encore aucun de ces projets de marche
sur Berlin, que les écrivains s'empressent d'adopter sans
motifs. De Pégau et de Waldheim, l'Empereur annonçait
à son ambassadeur en Autriche et au prince d'Eckmühl,
que le maréchal Ney marchait sur Berlin. Mais ces lettres
destinées à être montrées, où qui pouvaient tomber dans
les mains de l'ennemi, ne renfermaient pas le véritable
secret des opérations.

L'Empereur apprend à Colditz que la majeure partie de
l'armée des souverains y a traversé la Mulde, et que quelques troupes ont été détachées vers Leissnig, sous les
ordres de Kleist. Le 6, dès trois heures du matin, l'ordre
est donné au vice-roi de continuer à poursuivre l'ennemi,
et d'atteindre Nossen ; il est appuyé par Marmont, par
la garde ; toutes les colonnes des alliés convergent sur
Dresde ; il faut y arriver rapidement ; alors, ce qui ne
pourrait passer au milieu de cette ville serait rejeté sur
la Bohême ; Lauriston s'avance par la route de Meissen ;
Bertrand, par Mittweyda ; Oudinot doit suivre celui-ci,
et hâter sa marche.... A Waldheim (7), la formation de
l'un des corps du prince de la Moscowa (le 2e) est réglée ;
mais aucun ordre n'est donné à ce maréchal. De Nossen,
Napoléon presse Bertrand de s'avancer sur Dresde par la
route de Freyberg ; Lauriston est à Meissen ; l'avant-
garde, à Wilsdruf. Eugène, qui la commandait, n'a
cessé de combattre. York et Miloradowitch ont été culbu-
tés par lui (5), l'un au passage de la Mulde, à Colditz,

l'autre, dans la position de Gersdorf. Les Prussiens ont passé au travers de douze mille Russes, qui couvraient leur retraite. Les jours suivants, Miloradowitch a disputé à peine les positions d'Etzdorf et du Rabensberg.

Napoléon entra, le 8, à Dresde que les souverains alliés avaient abandonné, à l'approche de l'avant-garde. Dans l'après-midi, le prince de la Moskowa était devant Torgau, dont Thielmann refusait d'ouvrir les portes. Le maréchal lui écrivit pour l'y déterminer. Le général saxon répondit qu'il ne le pouvait, d'après les ordres bien précis de son roi, et d'après une lettre qu'il avait reçue le même jour à 11 heures. Ce souverain ne laissait aucun doute sur la conduite que devait tenir le gouverneur, et sur le parti que l'Autriche avait déjà pris. Le lendemain (9) à 5 heures du matin, Napoléon expédia au maréchal Ney l'ordre d'aller passer l'Elbe à Wittemberg, et d'y réunir ses divers corps. Reynier restait devant Torgau. Lauriston devait placer une division devant Meissen, y détruire les ouvrages de l'ennemi, et se porter entre Meissen et Torgau, prêt à se concentrer sur l'un ou l'autre point.

Le grand pont de Dresde était rétabli; Neustadt, occupé (10). D'autres ponts avaient été construits à Priesnitz, au-dessus et au-dessous de Dresde. Napoléon écrit au major-général, qu'on n'a pu avoir encore des nouvelles de l'ennemi, puisque l'Elbe formait rideau; que d'après tous les renseignements, les Russes se retirent par la Silésie, et qu'il n'est pas revenu 20,000 Prussiens de la bataille; que Torgau et sa garnison sont à notre disposition... Reynier y organisera les Saxons. Lauriston l'occupera avec son corps, et débouchera sur la rive droite. Le prince de la Moskowa traversera aussi l'Elbe à Wittemberg, y réunira les troupes du duc de Bellune, de Sébastiani et de Reynier; *ce qui le mettra en état de faire quelque chose d'éclatant.* Le major-général transmet ces nouvelles et ces ordres à Ney, à Reynier, à Lauriston..... Observons que le prince de la Moskowa doit passer à

Wittemberg, parcequ'il n'a pu passer à Torgau. Une
note de Berthier ajoute que, de la première de ces
villes, on serait plus à même de menacer Berlin. Mais
aucun ordre n'a été donné; et c'est la première fois que
le nom de cette capitale est mentionné. Napoléon est encore incertain sur l'opération qu'il doit entreprendre. Il
ignore, pendant plusieurs jours, où se dirige et où se
trouve l'armée alliée. Il a sur les routes de Berlin, de
Crossen, de Breslau, des têtes de colonne prêtes à la
suivre et à la combattre avec avantage.

La grande armée avait passé l'Elbe (11). Le duc de
Tarente marchait sur la route de Bautzen; Bertrand se
dirigeait sur Konigsbruck; le duc de Raguse, vers
Kamens. Le lendemain (12), Macdonald rencontra Miloradowitch à Fischbach, l'attaqua et le poussa sur Schmie-
defeld et Bischofswerda, où le combat fut assez vif. L'ennemi livra aux flammes cette petite ville, et se reploya
sur la position de Bautzen. Le duc de Tarente arrivant à
moitié chemin de la Sprée, y fut retenu par des forces
supérieures.

Napoléon demandait à ses lieutenants des nouvelles des
alliés. Le 13, il ne sait pas encore ce qu'est devenue
l'armée prussienne; Bertrand prétend qu'elle a pris la
route de Breslau; d'autres disent qu'elle s'est retirée sur
Berlin. Cependant, il fait écrire au prince de la Moskowa,
de se porter, le 14, de Torgau sur Luckau, où son avant-
garde, commandée par Kellermann, sera le 15, et son
quartier général, le 16; Bellune, avec Sébastiani, débouchera de Wittemberg, le 15, à neuf heures du matin; il fera une demi-marche dans la direction de Luckau
et de Berlin, portant son avant-garde sur les deux routes, et menaçant cette capitale; Reynier doit être placé
entre le corps de Bellune et Luckau; Lauriston, à Do-
brilugk; le 14, Bertrand sera à Hoyerswerda, et Macdonald, *probablement à Bautzen...* L'Empereur ajoute à la
lettre, qu'avant le 15, selon ce qu'aura fait l'ennemi, il

prendra sa détermination définitive, pour occuper Berlin ou pour ordonner tout autre mouvement. Le duc de Bellune et les deux généraux reçurent des ordres directs.

Dans la nuit du 13 au 14, on eut des nouvelles des alliés. Bertrand annonça de Konigsbruck, que trente à quarante mille hommes, en grande partie Prussiens, venant par les routes de Liebenwerda, de Grossenhayn et de Meissen, avaient traversé Konigsbruck du 7 au 10; Blucher et York étaient arrivés le 9, et repartis le 10; Kleist était passé le lendemain; tous se dirigeaient par Kamens sur Bautzen, où se trouvaient les souverains, et où l'armée ennemie se retranchait. D'autres renseignements parvinrent dans la journée et dans la nuit suivante. Toutes les incertitudes ayant enfin cessé, un ordre du major-général, écrit le 15, à dix heures du soir, prescrivit au maréchal Ney de marcher de Luckau à Spremberg.

Le troisième corps se rendit à Kalau, le 17; le cinquième, à Alt-Dobern; le septième, de Dahme à Luckau. Sébastiani était le 16 à Schweinitz, et allait se porter à Luckau, suivi par Bellune. Le 16, à dix heures du soir, Ney envoya de Luckau, les rapports de tous ses corps d'armée, et annonça la réception de l'ordre. A Luckau, ce prince se trouvait dans une position intermédiaire, de Berlin à Bautzen. Cependant, s'il avait dû se rendre de Torgau sur la première de ces villes, il aurait suivi la route de Juterbogk ou celle de Dahme. Mais au premier pas qu'il faisait vers Kalau, il n'y avait plus de doute sur l'opération à laquelle il devait prendre part.

Le 16, les ordres pour le prince de la Moskowa furent renouvelés directement et par l'entremise du maréchal Mortier, qui avait été chargé d'une expédition vers Grossenhayn, pour tomber sur un corps ennemi qui se trouvait de ce côté, et pour communiquer avec Lauriston et avec le prince. Celui-ci fut prévenu que les alliés étaient décidément en présence à Bautzen, et qu'il devait venir à Hoyerswerda. Le 17, à deux heures du matin, Napoléon ordonna aux divers corps de l'armée de se rapprocher de Bautzen, et d'y être le 18; il devait y arriver lui-même ce jour-là. Le major-général avertit Macdonald de ces dispositions, et lui annonça que Ney serait rendu, avec 60 ou 70,000 hommes, à la position qu'il devait occuper. Ce Maréchal écrivant de Kalau, le 17, annonça que tous ses corps étaient liés de manière à livrer bataille le 20 à Bautzen; que Lauriston serait le 18 à Hoyers-werda, et qu'il le suivrait avec ses cinq divisions; que Reynier, Sébastiani, Bellune, seraient à Alt-Dobern et à Kalau.

Les journées que l'incertitude sur la marche de l'en-nemi et les préparatifs des ponts dérobaient à l'activité des opérations militaires, furent données à la diplomatie. Napoléon traita avec la Saxe en allié généreux; avec l'Au-triche, comme étant décidé à faire de grands sacrifices pour conserver une alliance de famille. Il rappela le Danemarck à l'observation des traités. Il ordonna au prince d'Eckmühl d'occuper et de fortifier Hambourg, d'envoyer Vandamme dans le Mecklembourg, et surtout d'éviter toute hostilité avec les Suédois. Il fit partir le vice-roi pour l'Italie, où une armée se formait. En même temps, il préparait la défense de Dresde, de l'Elbe et de la Saxe; organisait l'administration et les hôpitaux de l'armée, les dépôts de la cavalerie, la marche des déta-chements qui arrivaient de France.

Le 18, à 4 heures du matin, Napoléon fait partir de Dresde le quartier général, les parcs, la garde, etc. Une lettre chiffrée est expédiée au maréchal Ney, pour lui dire que l'armée est à une portée de canon de Bautzen, occupé par les alliés; qu'il doit se diriger sur Dressa le 21; qu'ayant passé la Sprée, et tourné la position de l'enne-mi, celui-ci l'évacuera ou sera attaqué avec avantage. M. Grouchy envoyé au maréchal, et lui portant le même ordre verbal, l'avait trouvé le 19 au matin à Hoyers-werda. Dans la soirée, Ney comptait aller à Konigswarta;

mais ayant rencontré le corps d'York, et les prisonniers annonçant que l'armée alliée marchait sur cette direction, le maréchal s'était arrêté à Markendorf, et croyait livrer bataille à Buchwald. Tous les jours depuis Torgau (14), le maréchal avait écrit et reçu des lettres quelquefois par triplicata. Il en existe huit, du 14 au 19 mai, adressées au major-général et une à Napoléon; elles renferment l'ordre de mouvement de son armée le 14, et plusieurs extraits des rapports des généraux Reynier, Sébastiani, Lauriston, Kellermann...

Les deux armées avaient reçu des renforts. Sous les rapports militaires et politiques, l'ennemi savait que le sort de l'Allemagne dépendait de la possession de Dresde et de la ligne de l'Elbe. Il voulait combattre, avant de renoncer à ces points importants. Il allait justifier tout ce que Napoléon fera plus tard pour les conserver. L'Empereur avait organisé et assuré la victoire par ses savantes dispositions; il voulait essayer encore d'obtenir la paix, avant d'en venir à une nouvelle effusion de sang; mais c'était vainement qu'il demandait des passeports pour envoyer le duc de Vicence auprès des souverains, et que M. de Bubna proposait à M. de Stadion un armistice entre les puissances belligérantes.

Le 20 mai fut livrée la première bataille de Bautzen. Le 21, le 5e corps était à Klitz; Lauriston débouchait sur Dressa. Il reçut l'ordre de marcher par Preititz sur Wurschen. Après de vifs combats, l'ennemi se retira sur ce village, qu'on pouvait appeler le point stratégique de cet échiquier. Attaqué par les 5e et 7e corps, que soutenait le 3e, ce poste fut emporté; et l'armée alliée se vit forcée d'abandonner ses formidables positions.

Ainsi, il n'a jamais été question avant l'armistice, au moins d'une manière positive, de marcher sur Berlin et d'occuper cette capitale. L'ordre qu'on suppose donné au maréchal Ney, ne l'a pas été, même pour une partie de son corps; tandis que la marche de Torgau sur le champ de bataille, préparée depuis le 14 mai, est prescrite et exécutée jour par jour. Napoléon n'a pu arrêter aucun projet avant le 15. Mais dès ce moment, tout a marché rapidement vers la grande opération. Cette belle manœuvre qu'on a voulu présenter comme une faute capitale, était au contraire un chef-d'œuvre de stratégie, puisque l'armée étendue sur un vaste terrain, prête à se porter sur toutes les parties où se dirigeraient les masses et les réserves de l'ennemi, se rendit à l'heure fixée, par des lignes données, sur le point véritable de la bataille. On pourrait ajouter beaucoup d'observations sur les avantages et les dangers de ce système; mais nous n'écrivons pas une discussion stratégique.

DES

PRINCIPALES OPÉRATIONS

DE LA CAMPAGNE DE 1813.

PAR LE GÉNÉRAL PELET.

Inter ancipitia clarescunt.

EXTRAIT DE LA DEUXIÈME LIVRAISON DU SPECTATEUR MILITAIRE.

SOUSCRIPTION.

———

LE SPECTATEUR MILITAIRE paraît chaque mois, par livraison de cinq à huit feuilles.

ON SOUSCRIT au bureau du SPECTATEUR MILITAIRE, *rue Neuve-Saint-Roch, n° 24.*

Le prix de souscription est de 30 fr. pour l'année,

18 fr. pour six mois,

10 fr. pour trois mois.

Pour l'étranger, on ajoutera au prix indiqué la somme de 50 cent. par livraison.

ON SOUSCRIT AUSSI chez MM. les Directeurs des postes, et chez les principaux libraires de la France et de l'étranger.

———

LE SPECTATEUR MILITAIRE accueillera avec reconnaissance les observations, mémoires et réclamations que les militaires français ou étrangers voudront bien lui adresser, pourvu toutefois qu'ils n'aient pour objet que les opérations ou l'art de la guerre.

Les lettres et paquets doivent être adressés, franc de port, à M. le Directeur du SPECTATEUR MILITAIRE, rue Neuve-Saint-Roch, n°. 24.

IMPRIMERIE MOREAU
RUE MONTMARTRE, N°. 39.

DES PRINCIPALES OPÉRATIONS

DE LA CAMPAGNE DE 1813.

2ᵉ. ARTICLE.

SYSTÈME D'OPÉRATIONS DE NAPOLÉON A LA RUPTURE DE
L'ARMISTICE.

Les puissances coalisées ont interverti dans leurs rapports l'ordre des opérations de la campagne d'automne.
Elles ont prétendu que Napoléon avait pris l'offensive en
Silésie; que l'armée alliée n'avait marché sur Dresde à
la fin d'août, que pour rappeler l'Empereur sur ce point,
pour dégager Blucher et le prince royal de Suède.
Cependant Schwarzenberg envahissait la Saxe, avant
que Napoléon ne se portât sur le Bober, et avant de
savoir qu'Oudinot entrerait en Prusse. Les historiens
étrangers et français se sont laissés égarer par ces rapports mensongers. Les critiques ont établi sur ces bases
des attaques souvent bien amères, toujours sans fon-
dement et qui retomberont entièrement sur eux. Nous
ne nous attacherons pas à signaler et à combattre ces erreurs. Nous allons continuer à constater les faits d'après
des documens authentiques, et d'après ce que nous
avons vu nous-même.
La Coalition européenne avait refusé la paix à la France.
Elle s'était complétée par l'accession de l'Autriche, qui devait entraîner tous les États allemands. La cour de Vienne,
toujours douteuse même depuis 1810, peu fidèle à l'alliance militaire de 1812, était décidée depuis la fin de cette
année à changer de système. La correspondance de Napoléon l'accuse d'avoir pris, au mois de février, la détermi-

nation de se joindre à nos ennemis. Retenue momentanément par les victoires de Lutzen et de Bautzen, elle parti-
cipa aux résolutions de Trachenberg et au plan de guerre
qui y fut adopté (12 juillet). On y décida la réunion des
forces principales des coalisés en Bohême, l'entrée de cent
mille Russo-Prussiens dans ces pays, *quelques jours avant
la fin de l'armistice* et le rendez-vous général des armées
alliées dans le camp ennemi. C'est le même plan dont
l'exécution tentée plusieurs fois depuis les hostilités, fut
accomplie dans les premiers jours d'octobre, par la réunion de toutes les armées aux environs de Leipsig [1].

Treize années de guerre et les révélations de ceux qui
combattirent dans nos rangs, avaient appris à la Coalition
qu'elle pouvait espérer la victoire partout où Napoléon
ne commanderait pas en personne. Elle avait résolu d'agir
contre lui par trois lignes d'opérations séparées. La
supériorité de ses forces et les calculs de sa politique lui
permettaient de suivre ce système, vicieux dans d'autres
circonstances. L'Empereur écrivait au duc de Bassano :
« Tout le plan des alliés a été fondé sur l'assurance que
» leur a donnée Metternich, que nous repasserions l'Elbe ;
» et ils sont fort déconcertés de voir qu'il en est autre-
» ment. Ils croyaient qu'il n'y avait qu'à poursuivre.... »
En se prolongeant au moyen de leurs réserves par la
route d'Égra sur le Mein, les souverains comptaient dé-
poster des rives de la Saale l'armée française qui se trouverait ramenée successivement sur les bords du Rhin.

D'après une règle assez générale, Napoléon devait
vouloir le contraire de ce que projetaient ses ennemis.
Mais des motifs plus puissans le retenaient au centre de
l'Allemagne. Les négociations de Prague venaient de
prouver que l'Europe ne voulait pas de paix avec la
France nouvelle. Il convenait alors de faire la guerre

---

[1] On trouve dans Schoell, *Histoire des traités de paix*, t. 10, le pro-
tocole des conférences de Trachenberg.

dans les pays étrangers plutôt que sur nos frontières ou au milieu de nos départemens. La présence de l'armée française dans la Saxe et quelques victoires devaient empêcher l'accession des petits princes de la Confédération du Rhin à la Coalition générale, et diminuer ainsi le nombre de nos ennemis.

C'est sur les bords de l'Elbe que les opérations allaient s'établir pendant la campagne d'automne. Ce fleuve traverse diagonalement l'Allemagne. Si l'on considère son prolongement par la Moldaw, il s'étend depuis le Danube jusqu'à la mer du Nord. La partie supérieure de son bassin remplit la Bohême. L'Elbe en sort au travers des montagnes peu difficiles de l'Erz. Des frontières à Kœnigstein, on compte 3 lieues; à Dresde, 10; à Torgau, 27; à Wittenberg, 38; à Magdebourg, 60; à Hambourg, 130; enfin, jusqu'à la mer, 150. On voit la distance qui sépare chacune de ces places. En 1813, elles étaient en assez bon état de défense et occupées par l'armée française. De Dresde, de Magdebourg, de Hambourg partaient des lignes de communication qui allaient rejoindre notre excellente frontière du Rhin. Celui-ci est parallèle à l'Elbe à une centaine de lieues. Entre ces deux fleuves, se trouvent Wurzbourg et Erfurth qui fut constamment le dépôt de l'armée. A égale distance d'Erfurth, de Dresde, de Magdebourg, est Leipsig, centre de cet Echiquier, autre dépôt de l'armée, où fut placée une réserve plus ou moins considérable. A 6 lieues au-delà vers l'ouest, Mersebourg présente une tête de pont sur la Saale et un autre centre de routes. Napoléon ordonna, peut-être un peu trop tard, de fortifier ces deux points. Le cours de l'Oder est aussi parallèle au Moyen-Elbe, à 30 ou 35 lieues. Nous avions des garnisons françaises dans Stettin, Custrin et Glogau. A une soixantaine de lieues encore plus à l'Est coule la Vistule; elle était couverte par nos garnisons et par une population amie.

L'Elbe augmente de largeur à mesure qu'il s'éloigne de

la Bohême. A sa sortie, il a 70 toises; à Dresde et à Wittenberg, 120. Ce fleuve, protégé par d'excellentes têtes de pont, est bordé presque partout sur les deux rives par de bonnes routes. Il offrait à Napoléon une base, une barrière, une communication prompte par eau, enfin une échelle de points stratégiques. Sur ceux-ci, nous possédions l'avantage des lignes intérieures; car l'attaquant, voulant atteindre le défenseur, ne pouvait y réussir qu'en se divisant sur les deux rives de l'Elbe. Nous y trouvions la facilité inappréciable d'agir à volonté sur un des bords, et de nous retirer sur l'autre. C'était une de ces situations que la théorie donne pour exemple et qu'elle recommande de chercher. L'Empereur avait établi momentanément le centre de ses opérations à Dresde, également éloigné de Vienne, de Francfort-sur-le-Mein, de Hambourg, de Stralsund et de Thorn. Beaucoup de considérations politiques et militaires avaient dû le déterminer à choisir cette capitale. Nous pourrons un jour discuter plus longuement les dernières, en développant l'Échiquier du centre de l'Allemagne, où ont paru si souvent les armées françaises depuis la moitié du dix-septième siècle.

La position de Dresde est bien moins défavorable qu'on ne se plaît à le dire. La place, divisée en deux parties parfaitement disposées pour la défense, avait été réparée et renforcée. Des routes nombreuses en sortent dans toutes les directions. Elles présentaient dans ce moment quatre lignes principales d'opérations, qui avaient également pour but et pour point de départ cette capitale. La ligne sur Berlin par Luckau ou par Dessau, longue de 45 lieues; celle de l'Oder ou de la Moyenne-Silésie, vers Breslau et l'embouchure de la Katzbach, longue de 45 à 50 lieues; celle de la Bohême orientale et de la rive droite de l'Elbe par Zittau ou par Rumbourg; enfin la ligne de la Bohême occidentale, qui sort plus particulièrement de Prague éloigné de 30 lieues. La première et la dernière étaient raccourcies pour l'armée française par les deux têtes de pont sur l'Elbe de Wittenberg et de Kœnigstein.

Les lignes d'opérations de Berlin et de la Silésie forment à peu près un angle droit. A l'exception de quelques petites rivières, aucun obstacle intermédiaire ne s'y trouve. Les armées des deux partis qui les parcouraient, avaient beaucoup de facilités pour communiquer entre elles. Mais le territoire neutralisé par l'armistice, s'étendant de la frontière de Bohême jusqu'à l'Oder, sur une largeur de 10 à 15 lieues, isolait momentanément la première ligne. Celles de Silésie et de Zittau moins éloignées, sont séparées par les montagnes de la Lusace. La réunion des armées qui les suivaient, ne pouvait s'accomplir que dans la Silésie, ou plus difficilement dans les plaines de la Saxe. Enfin les deux lignes d'opérations de l'Elbe, qui étaient sous tous les rapports les plus importantes, semblent n'en former qu'une seule ayant un même point de départ et un même but. Cependant d'après la nature des montagnes de l'Erz, d'après les coudes très prononcés que fait l'Elbe vers Aussig et Schandau, les alliés n'avaient entre les routes de Rumbourg et de Toplitz, éloignées de 13 lieues, aucune communication au-dessous de Leitmeritz, excepté au bac de Tetschen où l'on n'arrive que par de mauvais chemins.

L'Empereur avait réuni les deux lignes de l'Elbe au moyen d'une communication prompte et facile, par Kœnigstein, entre Neustadt et Peterswalde éloignés de 6 à 7 lieues; le Lilienstein avait été retranché sur la rive droite, et une tête couvrait deux ponts de bateaux. Il avait fortifié les châteaux de Pirna et de Meissen; le premier lui donnait les moyens de rapprocher nos ponts de bateaux; le second lui assurait un pont stable. Ainsi Napoléon avait sur les flancs de Dresde, de 4 à 7 lieues, plusieurs ponts par lesquels il pouvait agir sur l'une ou l'autre rive du fleuve, et où il possédait dans toute son intensité l'avantage des lignes intérieures. Son attention s'é-

tait portée plus loin. Tous les postes qui pouvaient appuyer
ses opérations , tels que Stolpen , Bautzen , Luckau ,
Bunzlau , Goerlitz , Liegnitz , enfin tous les lieux de ma-
gasins , de dépôt ou d'hôpitaux , durent être successivement retranchés. Il fit reconnaître dans les plus grands
détails la frontière de la Bohême, depuis la route de Zittau jusqu'à son extrémité occidentale , et ordonna de
travailler aux routes qui liaient ses lignes ainsi que ses
ouvrages.

Faut-il s'étonner que Napoléon ait voulu garder la
position de Dresde , ou plutôt ne devrait-on pas être surpris qu'on lui fasse un reproche de n'avoir pas quitté un
aussi excellent Échiquier pour se porter sur la Saale ? La
ligne de l'Elbe parfaitement appuyée vers la gauche ,
surtout jusqu'à Magdebourg par le cours du fleuve, se
trouvait à la vérité mal assurée sur la droite ; elle
était menacée sur la route d'Erfurth , éloignée de 12
à 15 lieues des frontières de la Bohême. Mais quelle base
d'opérations ne peut être plus ou moins facilement
tournée ? La Saale qu'on a proposée pour remplacer l'Elbe,
n'est ni large ni profonde. Elle présente un cours fort
irrégulier, avec de grands contours et une multitude de
petites sinuosités. A chaque pas se trouvent des ponts sans
aucune défense. Enfin sa droite se termine justement vis-
à-vis du débouché d'Egra, dans un pays de plateaux très
facilement accessibles. Celui qui ne craint pas de livrer une
bataille, n'attache pas beaucoup d'importance à des appuis
presque toujours imaginaires ou impossibles à trouver.

A la fin de l'armistice, les forces de la Coalition étaient
ainsi réparties. Walmoden, avec 30 mille hommes de divers pays , occupait Schwerin dans le Mecklembourg.
Le prince royal de Suède réunissait 90 mille hommes vers
Berlin. La grande armée russo-prussienne , forte de 190
mille soldats , s'étendait entre Schweidnitz et l'Oder; les
souverains résidaient à Reichenbach. L'Autriche ras-
semblait autour de Prague 130 mille combattans. Elle en-

avait 25 mille vers la Bavière, sous le prince de Reuss; 5o mille en Carinthie, sous Hiller; enfin elle formait autour de Vienne une réserve de 6o mille hommes. La réserve russe de Benigsen, à peu près d'égale force, était en marche pour se rapprocher de l'Oder. Plotho et Schoell élèvent à plus de 700 mille hommes, les troupes que mettait en mouvement la Coalition.

L'armée française occupait les cantonnemens suivans: Davout était vers Hambourg, avec 37,514 Français et Danois; Wrede, avec 25 mille Bavarois, à Munich; Eugène, avec 4o mille Français ou Italiens, sur l'Isonzo. Augereau organisait à Wurtzbourg le 9e. corps qui fut bientôt porté à 12,000 hommes, et qui devait être successivement renforcé; il observait la Bohême et couvrait Mayence ainsi que la ligne de communication de l'armée. Napoléon était à Dresde avec la garde à pied et à cheval (58,191). Le 14e. corps (36,149, Saint-Cyr) gardait, vers Pirna, la frontière de la Bohême et la rive gauche de l'Elbe. Le 1er. corps (33,298, Vandamme) se rapprochait de la Saxe, et se trouvait vers Magdebourg. Le 12e. corps (18,986, Oudinot) placé à Dahme, menaçait Berlin. Le reste de l'armée était rassemblé vers la Silésie: le 3e. corps (40,006, Ney) à Liegnitz; le 5e. (27,905, Lauriston) à Goldberg; le 11e. (24,418, Macdonald) à Loewemberg; le 6e. (27,754, Marmont) à Buntzlau; le 1er. corps de cavalerie (16,573, Latour-Maubourg) à Sagan; le 4e. corps (21,217, Bertrand) à Sprottaw; le 2e. (25,158, Bellune) à Guben; le 7e. (21,283 Saxons, sous Reynier) à Goerlitz. Le 8e. (7,573 Polonais, sous Poniatowski) observait à Zittau les débouchés de la Bohême sur la rive droite de l'Elbe. Le 3e. corps de cavalerie (10,801, Padoue) était à Leipsig; le 2e. (10,304, Sébastiani) à Freystadt; le 4e. (4,831, Kellermann) à Zittau. On trouve la force de chaque corps dans un tableau dressé pour l'Empereur, le 6 août, par le Major-général,

afin de former les quatre armées destinées à agir en Silésie , vers Berlin , au centre , enfin du côté d'Hambourg.
Cette pièce élève leur total à 312,306 hommes d'infanterie , 69,707 de cavalerie , 32,528 d'artillerie , 4,087 du
génie , 3,333 de l'administration. Le total général est de
421,961 hommes et 101,301 chevaux. Mais la force des
présens sous les armes, la seule qui importe sur le champ
de bataille , était bien au-dessous de ces nombres [1].

En revenant de Mayence (4 août) , Napoléon voit tout
espoir d'accommodement évanoui malgré les sacrifices
qu'il a faits. Ses plénipotentiaires n'ont pu aborder ceux
de la Russie et de la Prusse. Il donne l'ordre de demander
à son beau-père quelles sont les conditions de paix qu'il
veut et qu'il soutiendra. Celles-ci sont connues le 8. M. de
Bubna, qui a vu Napoléon, écrit le 10, à 7 heures du
matin, que ces conditions, quoique extrêmement dures,
sont acceptées, sauf la remise de Trieste. En très peu
d'heures, cette dépêche et celle apportée aux plénipotentiaires français, devaient être arrivées à Prague. Cependant
Metternich annonce, le 12, que depuis la veille l'Autriche a accédé à la Coalition. Elle ne peut plus traiter qu'a-
vec ses alliés.

La négociation n'est pourtant pas rompue. M. de Vicence
reçoit de nouveaux pleins-pouvoirs. Le 13 , le duc de
Bassano, qui avait déjà fait avec M. de Bubna la paix de
Vienne, remet à celui-ci l'adhésion de l'Empereur aux
conditions énoncées par l'Autriche *et à tout ce qui était
jusqu'alors en contestation.* M. de Bubna part sur-le-
champ pour Prague. Metternich répond que le 10 on

---

[1] Un autre état porte 44 divisions, 519 bataillons , 301 mille hommes
d'infanterie , 55 mille de cavalerie et 1200 canons. Le général Vaudon-
court et M. Fain donnent pour la force des corps français en Allemagne
environ 300,000 hommes; le colonel Boutourlin seulement 280,000.
Je crois ces dernières évaluations plus exactes. La différence avec le tableau de Berthier vient de celle qui existait entre l'effectif des troupes
et les présens sous les armes. J'ai cité le premier pour montrer le rapport des corps d'armée.

aurait pu faire la paix aux conditions consenties ; mais que désormais il faut attendre l'arrivée de l'empereur de Russie. Le 16 août, ce ministre déclare que, *dès le premier entretien , Alexandre a décidé son souverain à courir les chances que leur promet la guerre*. Napoléon envoie, le 12, à tous les corps français, l'avis de la dénonciation des hostilités ; mais il donne l'ordre de ne les commencer que le 17, au moment fixé par ces lois protectrices de la civilisation , destinées à adoucir les maux inséparables de la guerre.

Les souverains coalisés avaient dénoncé, le 10 août, la cessation de l'armistice. D'après les conventions arrêtées, les opérations ne devaient commencer que le 16 à minuit. Le territoire reconnu neutre ne pouvait être occupé qu'à la même époque. La déclaration de guerre de l'Autriche ne fut signifiée que le 12. Mais il s'agissait non-seulement de prendre ses avantages pour la guerre ; il fallait surtout rendre impossible tout retour vers la paix. Napoléon écrivait au duc de Bassano , le 16 , de Bautzen : « Selon les ren- » seignemens des avant-postes, une grande partie de l'ar- » mée russe est entrée en Bohême depuis le 11. Ainsi » vous voyez que tout ce que vous a dit Metternich est un » tissu de mensonges. Le général Blucher a traversé Bres- » lau le 12 , et dès lors a commencé les hostilités. Le 15 , » il s'est présenté devant Liegnitz , et il y a eu quelques » coups de fusil de tirés. Les commissaires Krusemarck et » Schouvaloff en ont témoigné la plus grande indignation. » Ceci ajouté au non-approvisionnement des places, fait » bien voir à quelle espèce de gens on a affaire. Tenez-en » note et écrivez-le partout.... »

L'Empereur comptait prendre l'offensive. Cependant ses premiers calculs et ses principaux préparatifs furent tournés vers la défensive. Les uns et les autres furent rapidement établis[1]. Dresde, base momentanée de tout son sys-

[1] *Lettre de l'Empereur au major-général.*
Dresde, le 13 août 1813. Vous trouverez ci-joint la manière dont

tème, se trouvait en état d'être défendue par un corps d'armée pendant 8 jours; une instruction fort étendue fut donnée relativement à cette capitale (12). Napoléon réduisait à trois principales opérations, celles que pouvaient entreprendre les armées de Bohême ou de Silésie. Les Autrichiens pouvaient marcher sur Dresde, ou s'avancer par Zittau, pendant que les Russes se porteraient sur Liegnitz et Loewemberg : dans le premier cas, ils seraient contenus momentanément par Vandamme et Saint-Cyr; dans le second, Napoléon se plaçait au centre du mouvement vers Goerlitz avec ses corps et ceux de Ney. Enfin, les Autrichiens pouvaient prendre la route de Josephs-

j'entends placer mon armée. Je désire donc que vous ordonniez aux ingénieurs-géographes de reconnaître sur-le-champ une belle position en avant de Goerlitz, faisant front du côté de Zittau. Vous enverrez le général de brigade Pelet avec ces ingénieurs, et lui adjoindrez des officiers du génie. — J'ai écrit au duc de Raguse de faire bien reconnaître la position de Bunzlau. — Enfin, il faut faire reconnaître une troisième position entre Bautzen et Goerlitz. — Sur ce je prie.....

NAPOLÉON.

Note dictée par l'Empereur le 13 août 1813.

§ 1er. Dresde est fortifié, et dans une position telle qu'il peut se défendre huit jours, même les faubourgs. Je le fais couvrir par le 14e. corps que commande le maréchal St.-Cyr. Il a son quartier général à Pirna. Il occupe le pont de Kœnigstein qui, protégé par la forteresse, est dans une position inexpugnable. Ce pont a un beau débouché sur Bautzen. La même division qui fournit des bataillons à Kœnigstein, occupe Neustadt avec la cavalerie. Deux divisions campent dans une très belle position à Gieshubel, à cheval sur les deux routes de Prague à Dresde. Le général Pajol, avec une division de cavalerie, est sur la route de Leipsig à Carlsbad, éclairant les débouchés jusques à Hof. Le général Durosnel est dans Dresde avec 8 bataillons, et 100 pièces de canon sur les remparts et dans les redoutes.

§ 2. Le 1er. corps du général Vandamme et le 5e. corps de cavalerie seront à Bautzen. — Je porte mon quartier-général à Goerlitz; j'y serai le 16. J'y réunirai les 5 divisions d'infanterie, les 3 divisions de cavalerie et l'artillerie de la garde, ainsi que le 2e. corps, qui seront placés entre Goerlitz et Zittau; entre le 2e. corps et la Bohême sera l'avant-garde formée par le 8e. corps (Polonais).

§ 3. Le duc de Raguse est à Bunzlau; le duc de Tarente, à Loewemberg; le général Lauriston, à Goldberg; le prince de la Moskowa, dans

tadt, et se joindre en Silésie à l'armée russo-prussienne ;
alors tous les corps français se rassemblaient en 3 jours
à Bunzlau (13). Les ordres furent donnés d'après ces bases
et d'après la conviction que les mouvemens de l'ennemi
ne commenceraient pas avant l'époque fixée par le traité,
et avant la déclaration de guerre de l'Autriche. Alors
l'armée russo-prussienne n'aurait pu arriver devant les
corps de Ney que le 18 ; si elle s'était portée en Bohême et sur la rive gauche de l'Elbe, sa marche aurait
été d'autant plus retardée.

L'opération sur Dresde était la plus redoutable. Mais
avant qu'elle pût être effectuée, Napoléon crut avoir le temps
de faire une pointe contre Berlin, et de s'avancer vers la
Silésie afin de surveiller les premiers mouvemens des ar-

---

une position intermédiaire entre Haynau et Liegnitz, avec le second
corps de cavalerie.

L'armée autrichienne, si elle prend l'offensive, ne peut la prendre que
de trois manières :

§ 1. En débouchant avec la grande armée que j'estime forte de
100,000 hommes, par Peterswalde sur Dresde ; mais elle rencontrera
les fortes positions qu'occupe le maréchal Saint-Cyr, qui, poussé par
des forces considérables, se retirerait dans le camp retranché de Dresde.
En un jour et demi, le 1er. corps arriverait à Dresde ; et dès lors 60,000
hommes se trouveraient dans le camp retranché de Dresde. J'aurais été
prévenu, et en quatre jours de marche je pourrais m'y porter moi-même
de Goerlitz, avec la garde et le 2e. corps. D'ailleurs Dresde, comme je
viens de le dire, quand même il ne serait pas secouru, est dans le cas
de se défendre huit jours.

§ 2. Le deuxième débouché par où les Autrichiens pourraient prendre l'offensive, c'est celui de Zittau ; ils y rencontreraient le prince
Poniatowski, la garde qui se réunit sur Goerlitz et le 2e. corps ; et avant
qu'ils puissent arriver, j'aurai réuni plus de 150,000 hommes. En même
temps qu'ils feraient ce mouvement, les Russes pourraient se porter sur
Liegnitz et Loeweimberg ; alors le 6e., le 3e., le 11e., le 5e. corps d'armée
et le 2e. corps de cavalerie, se réuniraient sur Bunzlau ; ce qui ferait
une armée de plus de 150,000 hommes ; et en un jour et demi j'y en-
verrai de Goerlitz ce que je jugerai superflu à opposer aux Autrichiens.

§ 3. Le troisième mouvement des Autrichiens serait de passer par
Josephstadt, et de se réunir à l'armée russe et prussienne, de manière
à déboucher tous ensemble ; alors toute l'armée se réunirait sur
Bunzlau.

mées ennemies sur la ligne de Breslau et sur celle de
Zittau. S'il avait voulu, comme on le prétend, s'opposer
à la jonction de Barclay et de Schwartzenberg, il se serait dirigé par Neustadt et Rumbourg sur Iung-Bunzlau.
Le 13, les dispositions de l'Empereur étant ainsi arrêtées,
il devait se rendre à Goerlitz avec sa garde, placer vers
Zittau Bellune ayant pour avant-garde Poniatowski et
Kellermann. Vandamme, avec la cavalerie de Milhaud,
formait à Bautzen une réserve prête à se porter sur Goerlitz, Zittau ou Dresde. Bellune laissait Corbineau avec
8,000 hommes vers Priebus pour observer les mouvemens
que l'ennemi pouvait faire par sa droite, vers la ligne de
Berlin.

Napoléon réunissait vers Luckau les corps d'Oudinot,
de Bertrand, de Reynier et d'Arrighi; il donna au premier
le commandement supérieur. Le duc de Reggio devait entrer le 18 en Prusse, et être le 20 ou le 22 devant Berlin.
Dombrouski et Girard, placés en avant de Wittemberg
et de Magdebourg, appuyaient son mouvement[1]. Le prince

---

[1] *Extrait d'une lettre dictée par l'Empereur au major général pour le duc
de Reggio.*

Dresde, le 13 août 1813. « .... L'intention de l'Empereur est que la
division Guilleminot soit avec la cavalerie légère réunie le plutôt possible
à Baruth, et que votre quartier-général et tout votre corps d'armée y
soient réunis le 15 ou le 16 en bivouaquant militairement; que le 17
dans la journée, ou le 18 au plus tard, vous entriez dans le territoire
ennemi avec tout votre corps d'armée. — Le duc de Padoue doit arriver le 16 à Dahme; il peut donc être le 17 à Baruth et s'y trouver arrivé
avec vous. — L'Empereur ne suppose pas que l'ennemi soit en forces.
Dans le cas où vous trouveriez de l'opposition, vous attendriez l'arrivée
des 7e. et 4e. corps. S. M. espère que l'un et l'autre pourront être réunis à Baruth le 19. Mais si l'ennemi n'a pas 60,000 hommes devant
vous, il sera important que vous poussiez chez lui, pour avoir des nouvelles, prendre l'initiative et faire place aux autres corps....

» S. M. espère qu'avec une telle armée vous pousserez rapidement
l'ennemi; que vous enlèverez Berlin, désarmerez ses habitans, disper-
serez toutes les Landwehrs et cette nuée de mauvaises troupes......

» Toutefois vous manœuvrerez pour vous joindre au prince d'Eckmuhl,

d'Eckmühl , campé à Bergedorf , à 4 lieues en avant
de Hambourg , avait l'ordre de se joindre à Oudinot ,
d'attaquer le 18 , de marcher entre Berlin et la mer. Si
l'ennemi n'était pas en force supérieure , ce maréchal devait le mener vivement; si non , l'inquiéter et le suivre
quand il serait affaibli. Le duc de Reggio devait établir ,
par les corps de Girard et de Dombrouski , sa ligne
de communication avec Magdebourg ou Wittenberg.
Ces places éloignées de 3 ou 4 marches de Berlin, et le
contour de l'Elbe, assuraient parfaitement sa position.
Une réserve de 5,000 hommes était placée à Leipsig sous
Margaron , qui avait un détachement à Dessau. Une autre réserve à Minden , formée par le petit corps du général Lemoine , devait secourir Magdebourg en cas de
danger.

Le maréchal Ney avait pris position entre Liegnitz et
Haynau; il était renforcé par la cavalerie de Sébastiani,
et soutenu par les corps cantonnés en arrière. Le 15 seulement , Napoléon expédia ses ordres de ce côté. Si l'ennemi marchait par la route de Breslau ou de Loewemberg,
le prince de la Moskowa devait prendre le commandement
des corps de Lauriston , de Marmont, de Macdonald , de
Sébastiani , et les réunir dans un camp à Bunzlau. Il était
prévenu que le duc de Trévise serait le 16 à Luckau avec
2 divisions d'infanterie de la jeune garde , et qu'une 3e. se
trouverait à Goerlitz, où viendrait l'Empereur. Saint-Cyr,

débloquer Stettin et Custrin et rejeter tous les Suédois dans la Pomé-
ranie.....

» Le *seul but de* l'Empereur avec la grande armée sera de protéger
votre opération et de contenir l'armée autrichienne et russe. Vous sen-
tez donc combien il est important que vous soyez le 18 en pays ennemi,
et le 21 ou 22 devant Berlin, abstraction faite des forces majeures.....»

L'intrépide et modeste Oudinot remercie, le 14 août, *de l'honorable et
brillant commandement* qui lui est confié; mais il oppose l'état de
sa santé, et demande à être mis sous les ordres du roi de Naples. Tous
les commandans des corps d'armée reçurent des instructions pareilles
datées du 13.

avec ses 4 divisions, couvrait et défendait Dresde, *dépôt
et pivot de l'armée* [1].

Tels furent les projets et les ordres de Napoléon. Il annonce d'abord que son *seul but était de contenir l'armée
autrichienne et russe, de protéger les opérations du
Nord...* Celles-ci se soutenaient mutuellement. Bernadotte
ne pouvant être en force devant Oudinot et Davout,
celui des maréchaux qui avait contre lui des troupes in-
férieures attaquait ; l'autre manœuvrait. Avec de l'activité, ils devaient obliger l'ennemi à dégarnir Berlin de

---

[1] *Lettre de Napoléon au major-général. Dresde, le 13 août 1813.*

Vous ferez connaître au maréchal St.-Cyr que ses 4 divisions sont
destinées à couvrir Dresde et le pont de Kœnigstein ; que le fort de Kœnigstein et le fort de Stolpen sont sous ses ordres ; et qu'il doit couvrir
la frontière depuis au-delà de Neustadt jusqu'au débouché de Hof, et
être instruit de tout ce qui s'y passe. Vous demanderez au général
Gersdorff qu'il y ait auprès du maréchal St.-Cyr un officier supérieur
Saxon, qui soit chargé de recevoir les rapports des baillis et de la
gendarmerie saxonne sur toute la frontière. Le maréchal Saint-Cyr
fera placer une garnison dans le fort de Stolpen. Vous lui ferez connaître que ceci ne doit être considéré que comme une instruction
générale. Son but est de couvrir Dresde sur les deux rives, d'assurer la
communication du pont de Kœnigstein à Bautzen, et de veiller à ce que
les partisans ennemis ne s'introduisent pas sur la route de Neustadt à
Bautzen.... Dites-lui qu'il laisse à Dresde pour garnison 8 bataillons et
plusieurs compagnies d'artillerie. — Si l'ennemi débouchait sur lui avec
des forces beaucoup plus considérables que les siennes, il devrait re-
tarder sa marche autant que sa position le permettrait, et se replier sur
Dresde, où il prendrait le commandement supérieur du camp et de la
garnison, afin de défendre la ville contre l'ennemi. Il conserverait
cependant toujours Stolpen, le pont de Kœnigstein ainsi que les redoutes de Kœnigstein, afin que je puisse faire déboucher des troupes pa
Kœnigstein pour les porter sur les derrières de l'ennemi, ou bien selon
les circonstances revenir sur Dresde. — Il est important de faire répa-
rer le chemin qui du pont de Kœnigstein va à Hollendorf et à Gieshubel,
afin que la communication entre les deux rives soit la plus prompte et
la plus directe possible. — Il peut arriver tel cas où je ne laisse que deux
bataillons au pont de Kœnigstein, et un millier de chevaux avec deux
ou trois bataillons d'infanterie légère sur la ligne, qui auraient leur retraite sur Dresde, et que je porte son corps rapidement par un à gauche
et un mouvement forcé sur Goerlitz ou Bautzen, pour servir de réserve
au moment d'une grande bataille....sur ce... NAPOLÉON.

l'un ou de l'autre côté, et à se retirer sur la rive droite
de l'Oder. Alors nos places se trouvaient débloquées ; les
vieilles troupes des garnisons, remplacées par des conscrits, venaient renforcer l'armée. Celle-ci entrait en ligne
comme en 1807, couverte par le Bas-Oder garni de for-
teresses qui nous appartenaient. La guerre pouvait être
portée sur l'autre rive du fleuve, et gagner rapidement la
Vistule, où nous attendaient 50 mille Polonais prêts à
s'armer. Napoléon n'aurait désormais à s'occuper que de
son flanc droit. Il pouvait d'ailleurs transporter sa ligne
d'opérations par Magdebourg sur Coblentz, Dussel-
dorf. Mais les Prussiens abandonneraient - ils entièrement leur pays? Ne marcheraient-ils pas à son se-
cours? Les Russes ne craindraient-ils pas pour la Pologne
et pour leurs dépôts? La grande armée de la coalition allait être désunie. Ce plan, qui était resté secret,
se trouve justifié même par les critiques qui ont été
émises contre les dispositions connues de cette campagne. Il était préparé depuis le mois de juin. Napoléon
en parlait dès le 22 à Davout. Le 29 juillet il écrivait à
Rapp : « Notre première opération sera de nous emparer
» de Berlin, de débloquer Kustrin et Stetin. Nous nous
» mettrons promptement en communication avec vous... »

   L'exécution de ces projets semblait assurée autant que
facile. Les principes de la Stratégie voulaient que les armées coalisées, agissant vers Dresde contre les Français,
ne laissassent pas entre elles deux obstacles comme l'Elbe
et le Riesengebirge. Si elles s'avançaient par les lignes de
la Silésie ou par Zittau, Napoléon était en mesure de
s'opposer à chacun de ces mouvemens. En cas de mal-
heur, il pouvait choisir sa ligne de retraite sur Dresde,
Torgau ou Wittenberg, et se réunir avec les armées
d'Oudinot et de Davout. Il avait pris ses précautions,
même pour le mouvement des ennemis sur Dresde. S'il
eût été secondé partout, les alliés auraient été cruelle-
ment punis de la faute qu'ils avaient commise.

L'Empereur semblait s'être encore assuré l'initiative
des opérations. Habitué à la saisir, il l'avait constamment
reprise par les ressources de son génie, par la vigueur de
ses troupes et le zèle de ses lieutenans, lorsque les ennemis s'en étaient emparés. Maintenant les coalisés la
garderont. Devançant de 48 heures le moment où les
hostilités devaient commencer, Blucher, Schwartzem-
berg, Bernadotte sont tous en mouvement. Le premier
a surpris nos troupes tranquilles dans leurs cantonnemens. Il lui restait 90 ou 95 mille hommes sous ses ordres. Le second a réuni 230 mille Autrichiens, Russes
ou Prussiens. Si Napoléon avait voulu commencer aussi
la guerre en Prusse dès le 15, et si elle avait été vigoureuse-
ment conduite, son grand plan aurait réussi ; et l'ennemi serait arrivé trop tard sur tous les points.

Le 15, les empereurs de Russie et d'Autriche, le roi
de Prusse, les princes et les ministres de l'Angleterre, le
républicain Moreau que la coalition attendait depuis plus
de quinze mois [1], étaient réunis dans Prague, où cinq
jours auparavant les puissances feignaient de négocier la
paix générale. Ce même jour seulement dans la soirée,
Napoléon se confiant à la foi donnée, part de Dresde et
va reconnaître une dernière fois ces ponts et cette communication de Kœnigstein qui doivent jouer un grand
rôle dans ses projets. Il suit la route de Stolpen à Bautzen ; il s'assure que par là Saint - Cyr pourra rejoindre
la grande armée, ou que Vandamme et les autres corps
pourront également se diriger sur la rive gauche de l'Elbe.
Avant de partir, Napoléon a pris tous les moyens possi-
bles pour être instruit de la vérité. Il écrit à Berthier, le
15 août. «Vous donnerez l'ordre au général Roguiat, com-

---

[1] Dès la fin de mai ou les premiers jours de juin 1812, avant la rupture avec la Russie, Moreau avait fait partir des États-Unis le colonel
Rapatel, qui se rendit à St.-Pétersbourg, et qui était chargé de commis-
sions pour notre armée. Mme. Moreau le suivait de près ; mais elle ne
put rentrer en France.

» mandant le génie (et l'artillerie) d'exiger des commandans
» du génie des différens corps de donner des relations sur les
» évènemens qui se passent. C'est un compte qu'il est d'o-
» bligation que chaque corps rende à l'Empereur. Recom-
» mandez-leur de dire entièrement *la vérité*. Dites-leur
» que les rapports seront connus seulement du général de
» leur arme et de l'Empereur. » Il mande aussi au duc de
Bassano, le 18 : « Indépendamment des fonds donnés à
» Gersdorf, donnez-en à Serra ; que ce dernier ait 5 à
» 6 officiers saxons en retraite, qui puissent parcourir le
» pays, et venir avec rapidité me rejoindre et m'apporter
» de nouvelles.... »

Napoléon reste à Bautzen le 16. Il y apprend en même
temps et la violation de l'armistice par Blucher, et l'entrée de Barclay de Tolly en Bohême depuis le 10. Les
Autrichiens et les Russo-Prussiens peuvent déboucher par
Zittau. L'Empereur va rassembler cent mille hommes sur
ce point ; l'armée fera front vers la Bohême, la droite à
Schandau sur l'Elbe, la gauche à Friedberg ; il va faire
barrer toutes les issues et occuper les pointes de terrain
ennemi qui se rapprochent de notre grande ligne de
Dresde à Bunzlau. Il ordonne à Lefebvre-Desnouettes
d'enlever, le 17, Rumburg, Schluckenau et Georgenthal ;
à Poniatowski, de s'emparer de Friedland. Une attaque
est prescrite sur toute la ligne. A 9 heures du soir, l'ordre
est envoyé à Vandamme de se rendre à Bautzen et de
placer une division à Neustadt et Schluckenau ; il doit
être prêt à se porter sur Zittau, ou sur Kœnigstein et
Dresde, à la première demande de Saint-Cyr. Celui-ci
fera garder les débouchés de Schandau et de Neustadt....

L'Empereur est à Reichenbach le 17, à Goerlitz le 18.
Il dit : *Nous ne sommes pas bien fixés sur ce qui se passe en
Bohême ; les mouvemens de l'ennemi ne sont pas encore
clairs.* Si près des alliés, on est incertain sur leur position. Dans nos rangs se trouvent un grand nombre d'Allemands ; des officiers saxons sont attachés à tous les

corps d'armée; ils devraient obtenir facilement des ren-
seignemens; mais le fond des cœurs n'est pas pour nous.
Le 18, Napoléon sait seulement que l'armée autrichienne
marche sur la rive gauche de l'Elbe, et se rassemble à
Schlan; que Wittgenstein était le 17 avec quarante mille
hommes à Bohmischleipa. On prétend qu'il est resté
bien peu de Russes en Silésie, et que les Prussiens lon-
gent les montagnes pour se lier avec leur grande armée par
Friedland ou Reichenberg.

Napoléon part le 19 pour Zittau. Il s'avance jusqu'à la
position importante de Gabel, où il prescrit des dispositions de défense que le terrain rend très faciles. Neiperg
avec 4,000 hommes, abandonne ce point à son approche.
Au milieu de ces montagnes, arrive le duc de Vicence qui
enlève les dernières espérances de paix. Napoléon ordonne
aux troupes légères de pénétrer dans la Bohême, afin de
l'instruire de ce qui se passe. Lefebvre Desnouettes at-
teint le 22 Neuschloss, sur la route de la Silésie au pont
de l'Elbe à Leïtmeritz; il occupe les ouvrages qu'y avait
élevés l'ennemi. Mais les nouvelles qu'il envoie sont tar-
dives. La cavalerie westphalienne du 2e. corps est dirigée
sur Reichenberg; là elle passe à l'ennemi (23), laissant seul
le général français Bruno qui la commandait. Ce fut la se-
conde défection du champ de bataille; alors commençait
une époque où les passions avaient tellement altéré les
sentimens, qu'on voulut honorer la trahison.

Cependant Blucher attaquant, le 15, avant la rupture,
la droite de notre ligne sur le haut Bober, enlevant les
postes d'Alt-Kemnitz, menaçait les derrières de notre armée de Silésie. Il se trouvait plus rapproché de Lauban
et de la route de Goerlitz, que la droite même formée
par Macdonald. Les ordres de l'Empereur pour le commandement du prince de la Moskowa n'avaient pu encore
arriver. Ce maréchal qui était à la gauche vers Liegnitz,
et Lauriston au centre à Goldberg, durent se retirer sur
Haynau et Loewemberg (17, 18). Blucher, continuant à

marcher par la gauche, attaqua (19) Lauriston, et le força à repasser le Bober. Ney se reploya sur Buntzlau où était Marmont; ils repassèrent aussi cette rivière.

Ayant reçu l'avis de l'attaque de Blucher, Napoléon part de Gabel au milieu de la nuit, et revient à Zittau d'où les ordres sont expédiés (20). Il voit déjà que sa présence est nécessaire pour diriger la moindre opération. Il écrit le 22 août au duc de Bassano: « ce qu'il y a de »fâcheux dans la position des choses, c'est le peu de » confiance qu'ont les généraux en eux-mêmes. Les forces » de l'ennemi leur paraissent considérables partout où je »ne suis pas. » Il mandait quelque temps auparavant (7 mai) à Davout : « Il faut avoir soin de ménager Van- »damme ; les hommes de guerre deviennent rares ».

L'Empereur va faire tout ce qu'il pourra pour engager Blucher à une bataille, ou le rejeter au-delà de la Katz- bach. Les alliés sont à une telle distance de Bellune, qu'ils ne doivent rien entreprendre contre lui avant 5 jours. Napoléon donne à ce maréchal l'ordre de retran- cher le col de Gabel, de s'y maintenir avec les Polonais et Kellermann; s'il était repoussé, il se retirerait sur Goer- litz où il s'appuierait à l'armée, Vandamme doit fortifier Rumbourg; ces deux généraux auront 65,000 hommes et défendront les défilés jusqu'à la dernière extrémité. Saint- Cyr les rejoindra, si le mouvement de la grande armée austro-russe se prononce de leur côté. Alors, ils pourront prendre l'offensive. L'Empereur reviendra sur Zittau et se mettra à leur tête....

Le 21, de bonne heure, Napoléon est à Loewemberg. Il donne l'ordre de passer le Bober et d'attaquer. Sa pré- sence encourage nos troupes, et porte l'effroi parmi celles de l'ennemi. Blucher se retire sur la Schenelle-Teichse. Pressé sur sa gauche à Pilgramsdorf (22), il repasse la Katzbach. Le général prussien se retire encore le lende- main sur Javer. « Aussitôt qu'ils ont vu déboucher nos »colonnes pour reprendre l'offensive, la terreur les a

» pris , et l'on a pu se convaincre que les chefs voulaient
» éviter un engagement sérieux. — Ce qui est satisfaisant ,
» c'est que leur infanterie est extrêmement mauvaise. Au
» reste, comme on ne peut arriver à aucun résultat sans
» bataille , ce qui peut arriver de plus heureux , c'est que
» l'ennemi marche sur Dresde , puisqu'alors il y aurait une
» bataille.... » (Lettre de l'Empereur au duc de Bassano,
Loewemberg, 22.) Dans la matinée du 23, Napoléon reçoit
dans cette ville les nouvelles positives de la marche de la
grande armée ennemie sur Dresde. Il écrit à Saint-Cyr ,
« qu'il compte sur son zèle et sur ses talens militaires
» pour agir avec décision et avec vigueur. »

Il n'entrait dans les desseins de Napoléon , ni de poursuivre Blucher qui allait trouver un appui assuré dans
le fameux camp de Bunzelwitz et sous le canon de
Schweidnitz, ni de s'enfoncer dans le coude oblique de la
Haute-Silésie. Son attention était toujours fixée sur Berlin que le duc de Reggio devait atteindre dans ce moment , et sur la grande armée ennemie dont il surveillait
les mouvemens. Elle paraissait vouloir faire une tenta-
tive sur Dresde. Mais la course de l'Empereur sur
Gabel, l'occupation de Bohmisch-Leipa et de Niemes
par nos troupes légères , la réunion de 12 divisions d'infanterie et de corps nombreux de cavalerie sur les débouchés de Zittau, de Rumbourg et de Pirna , doivent
attirer l'attention de l'ennemi de ce côté... Ces motifs peuvent suspendre le mouvement sur Dresde, et même faire
rétrograder les têtes de colonnes qui se sont avancées sur
Pirna. Si elles s'arrêtent ou se retirent , Napoléon mar-
chera sur Prague ; si elles continuent à menacer Dresde ,
il y arrivera à temps avec les corps de Vandamme , de
Bellune et la garde. Celle-ci se repose en avant de
Goerlitz....

Napoléon confie à la prudence de Macdonald l'armée
de Silésie qui doit se tenir sur la défensive. Courant aux
ennemis, espérant leur livrer enfin la bataille qu'il cherche

de toutes parts, il veut avoir près de lui Murat et Ney,
ces deux lieutenans invincibles sous ses yeux, qui exci-
teront et dirigeront l'ardeur des soldats ainsi que des chefs.
Le roi de Naples le précède à Dresde. L'Empereur donne
au prince de la Moskowa l'ordre de remettre à Souham le
commandement du 3e. corps, et se rend (23) à Goerlitz,
d'où il jette encore un regard sur la Bohême. Mais les
dépêches qu'il reçoit de Dresde sont telles qu'il se dirige
vers cette capitale, où il va remporter la plus brillante et
la plus inutile des victoires.

Il a chargé le Major-général de transmettre ses instructions à Macdonald. « Faites-lui connaître que j'ai mis
» sous ses ordres l'armée du Bober, qui est composée de
» 100 mille hommes, infanterie, cavalerie, artillerie et
» troupes du génie comprises. Le principal but de cette
» armée est de tenir en échec l'armée ennemie de Silésie,
» et d'empêcher qu'elle ne se porte sur Zittau, pour interrom-
» pre ma communication, ou sur Berlin contre le duc de
» Reggio. Je désire qu'il pousse l'ennemi jusqu'au-delà
» de Javer, et qu'il prenne ensuite position sur le Bo-
» ber.... » (Suivent les détails des fortifications à élever).
« Il donnera ordre qu'on se retranche sur-le-champ; et
» il assurera des vivres pour 8 ou 10 jours. Mon opinion
» est que dans l'état moral de nos troupes et des ennemis,
» il n'a rien de mieux à faire que de marcher à eux sur un
» seul point et en force, du moment qu'ils voudront pren-
» dre l'offensive. » (23 août, à midi, Loewemberg.)

L'Empereur reçut le 24 à Goerlitz des nouvelles du duc de
Reggio qui comptait entrer ce jour-là même à Berlin. Ce
maréchal, avec le 12e. corps, était le 15 à Baruth, à 12
lieues de cette capitale. Il crut devoir attendre Arrighi qui
arriva le 17, Reynier et Bertrand qui furent rendus le 18.
Le 15, l'armée du prince royal de Suède, plus formidable
en apparence qu'en réalité, composée de troupes de diverses nations, de nouveaux corps, de Landwehrs, occu-

pait les cantonnemens suivans. Les Prussiens formaient
la gauche autour de Berlin; les Suédois étaient au centre
vers Oranienbourg; les Russes à la droite, vers Brandenbourg et Plaue. Le corps prussien d'Hirchfeld observait Magdebourg. Les Russes se trouvaient plus éloignés
de Berlin que ne l'est Baruth; les Suédois en étaient à
une assez bonne distance. On remarquera combien cette
disposition était fautive. Les deux centres stratégiques opposés étant certainement de ce côté Berlin et Dresde, la
position de Charles-Jean s'écartait de leur direction, en se
rapprochant de Magdebourg; et s'éloignait d'autant plus
de la ligne de la Silésie avec laquelle il fallait se lier.

Le prince royal avait cru nécessaire de couvrir Berlin
par des retranchemens, et d'en élever aussi sur les défilés qui sont vers le midi entre la Sprée et la Havel. Il
s'y trouvait trois principaux passages, par où pouvaient
arriver les armées françaises; la route de Potsdam, celle
de Juterbock par Luckenwalde et Trebbin ou Jühnsdorf,
celle de Baruth par Mittenwalde. Des rapports d'espions
bientôt démentis annonçant que les Français s'approchaient par Baruth, Charles-Jean se retira le 17, à trois
heures du matin, de Potsdam sur Charlottenbourg.
Après avoir fait avancer ses troupes, et rappelé les
corps éloignés, surtout celui d'Hirschfeld, il revint à
Potsdam le 21, et réunit son armée entre la Sprée, Mittenwalde, Trebbin et Belitz.

Le 19 seulement, l'armée française entra sur le territoire prussien. On avait fort exagéré les préparatifs de
défense de Charles-Jean, ses inondations et les difficultés
du terrain. Le 21, l'armée au lieu de suivre la direction
de Berlin par Mittenwalde, qui la portait sur la gauche
de la ligne ennemie, fit un détour vers le centre par la
route de Luckenwalde, et força le défilé de Trebbin.
Elle ne se remit en mouvement que le 23 pour attaquer.
Le duc de Reggio avait alors devant lui les défilés de

Blankenfelde, de Grossbeeren et d'Ahrensdorf. Il dirigea
sur chacun d'eux un corps d'armée. Celui du centre
tomba au milieu des forces ennemies ; c'étaient les Saxons qui se battirent mollement et furent repoussés.
Bertrand formait le pivot de l'attaque, et combattit jusqu'à la nuit. Le 12ᵉ. corps marchait à la gauche ; les
divisions Guilleminot et Fournier, attirées par le feu, se
portèrent dans la direction de Grosbeeren ; elles restèrent
maîtresses du village entre les deux lignes.

A la nuit, l'armée française se mit en retraite ; mais
elle s'arrêta et campa le lendemain 24 à Gottow, Schon-
feld, Sperenberg, à quatre petites lieues du champ de
bataille. Le 25, le duc de Reggio fit une marche encore
plus courte ; il resta en position le 26. C'est de là qu'il
fit partir son rapport. Tauenzien le suivit seul (24) ; mais
son avant-garde ne fit qu'une lieue et demie. Le 27, ce
général était à Baruth ; Bulow, vers Treuenbrietzen. Charles Jean s'arrêta à Teltow. Jamais on ne vit des vainqueurs
si peu actifs. Le duc se concentra à trois lieues de Wittenberg, à Krospstedt où il bravait l'ennemi que des attaques décousues l'avaient empêché de vaincre.

Le prince d'Eckmühl était à 8 ou 10 marches de Berlin.
Le 19, il enleva les retranchemens de Lauemburg. Walmoden se retira sur Grabow ; Vegesack, sur Rostock.
Le maréchal s'achemina sur Schwerin, après avoir été
rejoint par les Danois. Il y était le 24 et détacha Loison
sur Wismar. Mais Davout devait combiner sa marche
avec les progrès d'Oudinot, et d'après les forces qui lui
seraient opposées. Il devait être lié à ce maréchal par le
corps de Girard qui s'avançait hors de Magdebourg.
Davout resta dans ses positions jusqu'au 2 septembre,
et se retira ensuite sur la Stekenitz. Charles Jean obligé
de rappeler toutes ses troupes à l'approche de l'armée
française, avait dégarni sa droite. Girard s'avança sur
Beltzig. N'ayant pas été prévenu des évenemens de Gross-
Beeren, il fut attaqué et battu le 27 par Hirschfeld et

Czernicheff. Le 28, un des corps de Tauenzien s'empara de Luckau, après l'avoir bombardé.

L'armée du centre n'avait pas été plus heureuse. Blucher se trouvait déjà repoussé le 23 jusqu'à Javer. Le duc de Tarente avait donné des ordres pour continuer la poursuite le 24. Tout lui présageait le plus heureux succès ; mais il semblait qu'on ne dût plus attendre que des catastrophes. Une erreur avait été commise dans les ordres expédiés au maréchal Ney. Les corps de Souham et de Sébastiani firent un faux mouvement de Liegnitz sur Haynau. Leur absence força Macdonald à suspendre son mouvement le 24 et le 25. Blucher eut le temps de ranimer ses soldats. Ayant appris le départ de Napoléon, il se reporta en avant le 26, pendant que Macdonald marchait sur Javer. On sait ce qui en résulta et comment, malgré de bonnes dispositions, une suite de malheurs vint détruire presque entièrement cette partie de la grande armée. On aurait dit que ce n'étaient plus ces troupes qui avaient montré tant d'ardeur le 21, le 22 et le 23. Les corps de Macdonald se trouvaient rejetés le 1er. septembre sur Goerlitz ; le 4, ils étaient déjà sur Bautzen. Le duc de Tarente se plaignit de l'armée de Silésie, comme un peu plus tard le prince de la Moskowa de celle de Prusse. Le premier écrivait au Major-général de Nostitz, le 2 septembre : « Sa Majesté doit rapprocher d'elle cette armée » à l'effet de lui donner une plus forte constitution et de » retremper tous les esprits. Je suis indigné du peu de zèle et » d'intérêt que l'on met à la servir. J'y mets toute l'éner- » gie, toute la force de caractère dont je suis capable ; et » il en a fallu dans la très pénible circonstance dans la- » quelle je me suis trouvé. Je ne suis ni secondé, ni imité...»

Tout semblait se réunir pour déjouer les calculs du génie. Les plus habiles combinaisons allaient échouer ; les dispositions fautives allaient réussir. A peine une semaine était-elle écoulée depuis le renouvellement des hostilités, et Napoléon avait la moitié de son armée

battue avant d'avoir paru lui même sur le champ de bataille. On put prévoir dès lors quelle serait l'issue de
cette guerre. Mais l'histoire dira à qui les fautes doivent
être imputées; elle signalera les opérations qui n'ont pas
réussi comme des modèles à suivre, et celles qu'un vain
succès a couronnées comme des exemples qu'il faut éviter.

www.ingramcontent.com/pod-product-compliance
Lightning Source LLC
Chambersburg PA
CBHW060746280326
41934CB00010B/2381